ÉCLAIRCISSEMENS

sur

La Créance de Deux Millions

Résultant du Traité signé à Fontainebleau le 11 Avril 1814.

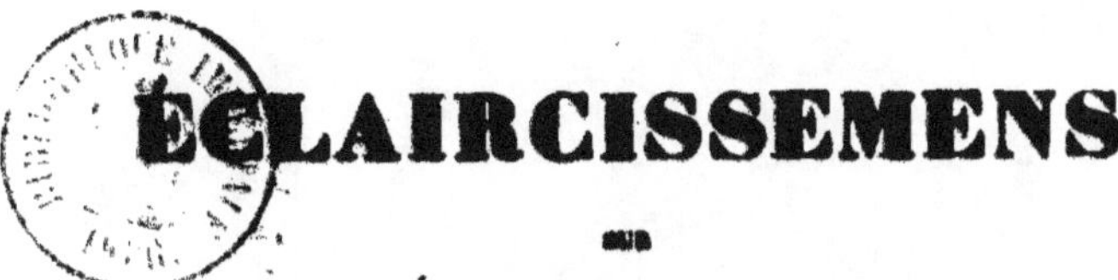

IMPRIMERIE DE SELLIGUE,
Breveté pour les Presses mécaniques et à vapeur,
Rue des Jeûneurs, n. 14.

ECLAIRCISSEMENS

SUR

LA CRÉANCE DE DEUX MILLIONS

Résultant du Traité signé à Fontainebleau le 11 Avril 1814.

CRÉANCIERS d'une somme de deux millions, d'après l'état de répartition approuvé par Napoléon en 1814, depuis huit ans nous attendons que cette créance, stipulée par un traité que les principales puissances de l'Europe ont garanti, et auquel la France a accédé par deux actes successifs, soit enfin admise en paiement par une ordonnance royale.

L'article 9 du traité du 11 avril 1814 mit à la disposition de Napoléon une somme de deux millions, dont la distribution lui était réservée. La liste des personnes à qui il en fit la répartition fut annexée au traité qu'il signa à Fontainebleau avec l'Autriche, la Prusse et la Russie. Par deux déclarations du 11 avril et du 30 mai de la même année, la France adhéra à ce traité, et prit l'engagement d'en accomplir les dispositions.

Dans les premiers momens qui suivirent l'abdication de l'empereur Napoléon, quand les armées des souverains qui venaient de garantir l'exécution de ses dernières volontés occupaient encore la capitale, il nous eût été facile d'obtenir l'acquittement des legs qui nous avaient été faits; mais nous étions trop jaloux de la dignité du nom français pour recourir à des médiations étrangères : nous ne voulûmes rien recevoir que de la loyauté de notre gouvernement.

Un orateur a dit à la tribune *qu'aucun de nous ne s'était présenté pour recevoir le montant de sa prétendue créance, parce que nous avions bien senti que nous n'avions aucun droit.* Cet orateur n'avait pas été bien informé.

En 1814, nous avons adressé plusieurs demandes à M. le comte de Blacas. M. le baron de la Bouillerie a eu lui-même connaissance de nos démarches; un mémoire fut remis, à cette époque, à M. le maréchal duc de Dalmatie, alors ministre de la guerre; nous avons soumis notre réclamation, en 1818, à M. Roy, ministre des finances, et à M. le duc de Richelieu. Nous avons renouvelé nos instances en 1819, particulièrement auprès de M. le marquis Dessoles, président du conseil des ministres; enfin, une consultation de plusieurs jurisconsultes du barreau de Paris ayant mis dans toute son évidence la justice de nos droits, nous avons remis, au mois de juin 1821, à tous les ministres qui siégeaient au conseil, une copie de cette consultation, imprimée à la suite de la présente note, et un mémoire explicatif des faits qui motivaient notre réclamation.

Ainsi, on n'a pas le droit de dire que nous sommes restés dans l'inaction, et que cette inaction était un aveu tacite que nous n'avions rien à prétendre.

Et comment aurions-nous pu douter de la justice de nos prétentions ? M. le ministre des finances n'a-t-il pas reconnu à la tribune *que, jusqu'au moment du retour de Napoléon en France, nous avons ete fondés à croire que nos créances seraient acquittées?* D'un autre côté, M. le baron de la Bouillerie n'a-t-il pas donné à connaître que notre créance avait été comprise dans le passif de la liste civile du Gouvernement impérial, à une époque où l'actif de cette même liste présentait un excédant de 6,800,000 fr.? Il est donc vrai que nous avons réclamé le montant de notre créance; que le paiement ne pouvait nous en être refusé, et qu'il existe un fonds de 6,800,000 fr. grevé à notre profit d'une affectation spéciale; car d'après l'article 9 du traité du 11 avril 1814, ces deux millions devaient être *réservés sur tous les fonds dont Napoléon avait fait l'abandon à la couronne.* Après de pareilles déclarations, il doit nous être permis de demander pourquoi le Gouvernement a laissé alors sans réponse toutes les demandes que nous avons faites?

Nous opposer aujourd'hui que nous sommes déchus de tous nos droits parce que nous n'avons pas été payés avant le 20 mars 1815, ce serait nous infliger la peine d'un ajournement qui est le fait du Gouvernement et non le nôtre. Toutes les conditions qui dépendaient de nous ont été remplies; nous avons dû croire à la sincérité des assurances répétées que nous avions reçues.

Le Gouvernement pourrait-il se considérer comme libéré à notre égard, parce qu'il a mis sans cesse de nouveaux délais à sa libération? Ce serait là une singulière maxime de finance, et c'est surtout pour le crédit public que les conséquences en seraient à craindre.

Ce qui était dû avant le 20 mars 1815 a-t-il cessé d'être exigible après le retour du Roi?

Ce qui était juste avant le 20 mars 1815 a-t-il cessé de l'être depuis cette époque? Non, sans doute : la justice n'est pas une affaire de circonstance; elle a des règles invariables et indépendantes des événemens.

Rien n'a pu annuler les droits acquis à des tiers en vertu des dispositions du traité du 11 avril 1814. Ces dispositions n'ont pu être abrogées implicitement par l'état de guerre qui a succédé au retour de Napoléon. Cela est si vrai, qu'il a fallu une loi (celle du 12 janvier 1816) pour priver les membres de sa famille des avantages que leur assurait l'article 6 de ce traité du 11 avril 1814, que nous invoquons en notre faveur.

Par la même raison, il eût été nécessaire qu'une disposition expresse eût révoqué l'article 9 du même traité. Or cet article n'a jamais été révoqué : il conserve donc aujourd'hui toute sa force, et doit par conséquent recevoir son exécution.

M. le ministre des finances a dit à la tribune *que Napoléon étant revenu, et s'étant emparé du pouvoir, c'était à lui que nous aurions dû demander le paiement de notre créance*. Mais le créancier n'a d'action que contre le débiteur qui lui est indiqué par le titre de sa créance. Napoléon, en usant du droit que lui donnait l'article 9 du traité du 11 avril 1814, de distribuer ces deux millions, avait fourni un mandat sur le Gouvernement du Roi, et le Gouvernement du Roi l'avait accepté. Voilà notre véritable débiteur. En son absence toute action était suspendue.

Aujourd'hui il est constaté par la déclaration de M. le baron de la Bouillerie, qu'après la liquidation des dettes de l'ancienne liste civile il est resté un excédant de 6.800,000 fr. qui a été versé au Trésor royal; c'est donc au Trésor royal que nous demandons le paiement des deux millions qui nous sont dus, puisqu'il a reçu les fonds qui, d'après le traité du 11 avril 1814, étaient le gage de notre créance.

La portion de ces deux millions assignée à chacun de nous est une propriété qui nous a été dévolue après la signature de ce traité. Peu de propriétés sont placées sous une sauvegarde aussi respectable. Cent pères de famille ont pu disposer de cette propriété par des transactions, l'hypothéquer à des emprunts, l'aliéner même.

Que de droits se trouveraient compromis par la décision qui rejetterait aujourd'hui notre créance! Non, ce serait un acte trop arbitraire, pour qu'il puisse émaner d'un Gouvernement qui a donné à l'Europe l'exemple d'une fidélité aussi scrupuleuse aux engagemens les plus onéreux.

A Paris, le 24 juillet 1822.

Les Donataires des deux millions répartis en exécution du traité de Fontainebleau, dont les noms suivent :

Le général FRIANT,
Le général PETIT,
Le général MICHEL (par ses héritiers),
Le général COLBERT,
Le général CORBINEAU,
Le général DEJEAN,
Le général CAFARELLI,
Le baron GOURGAUD,
Le général ORNANO,
Le général BERNARD,
Le baron FAIN,
Le baron MENNEVAL,
Le général MARIN,
Le baron CORVISART, premier médecin,
MM. Baron JERMANOUSKY, ex-major des Polonais.

Cornuel,
Momper,
Lanauze,
Bacheville,
Duquenot,
Lervat,
Noirot,
Dumont,
Arnaud,
Paris,
Franconin,
Bigot,
Dequeux,
} Officiers de l'ex-garde.

Colin, maître-d'hôtel-contrôleur,
Gatte,
Courreau,
Lacournère,
} Au service de santé.

Etc., etc., etc.

CONSULTATION.

LE CONSEIL SOUSSIGNÉ, qui a lu le Mémoire à consulter présenté dans l'intérêt des divers donataires compris dans les états de répartition des deux millions dont la libre disposition avait été réservée à Napoléon par le traité du 11 avril 1814,

Est d'avis des résolutions suivantes :

L'article 9 du traité signé le 11 avril 1814, à Paris, entre l'Autriche, la Russie et la Prusse, d'une part; et Napoléon Bonaparte de l'autre, est ainsi conçu :

« Les propriétés que S. M. l'Empereur Napoléon possède en
« France, soit comme domaine extraordinaire, soit comme domaine
« privé, resteront à la Couronne.

« Sur les fonds placés par l'Empereur Napoléon, soit sur le grand-
« livre, soit sur la Banque de France, soit sur les actions des forêts,
« soit de toute autre manière, et dont S. M. fait l'abandon à la Cou-
« ronne, il sera réservé un capital qui n'excédera pas deux millions,
« pour être employés en gratifications en faveur des personnes qui
« seront portées sur l'état que signera l'Empereur Napoléon, et qui
« sera remis au Gouvernement français. »

Comme l'exécution de cet article était à la charge du Trésor public de France, on pensa qu'il était nécessaire que le Gouvernement français y donnât son adhésion. Cette adhésion fut donnée en ces termes, à la suite du traité :

GOUVERNEMENT PROVISOIRE

DÉCLARATION.

« Les Puissances alliées ayant conclu un traité avec S. M. l'Em-
« pereur Napoléon, et ce traité renfermant des dispositions à l'exé-
« cution desquelles le Gouvernement français est dans le cas de
« prendre part, et des explications réciproques ayant eu lieu sur ce
« point, le Gouvernement provisoire de France, dans la vue de con-
« courir efficacement à toutes les mesures qui sont adoptées, se fait
« un devoir de déclarer qu'il y adhère autant que besoin est, et ga-
« rantit, en tout ce qui concerne la France, l'exécution des stipula-
« tions renfermées dans ce traité, qui a été signé aujourd'hui entre
« MM. les Plénipotentiaires des Hautes Puissances alliées et S. M.
« l'Empereur Napoléon.

« *Signé* LES MEMBRES DU GOUVERNEMENT PROVISOIRE. »

Peu de jours après, Louis XVIII ayant pris les rênes du Gouvernement, les Puissances alliées jugèrent encore nécessaire, pour
éviter toutes difficultés, de provoquer l'accession formelle de S. M.
le Roi de France au traité du 11 avril, et elles donnèrent ordre
à leurs Plénipotentiaires de la demander ; elle fut accordée en
ces termes :

« Le soussigné Ministre et Secrétaire d'état au département des
« affaires étrangères, ayant rendu compte au Roi de la demande
« que LL. EE. MM. les Plénipotentiaires des Cours alliées ont reçu
« de leurs Souverains l'ordre de faire relativement au traité du 11
« avril, auquel le Gouvernement provisoire a accédé, il a plu à
« S. M. de l'autoriser à déclarer en son nom, que les clauses du traité

« à la charge de la France seront fidèlement exécutées ; il a en con-
« séquence l'honneur de le déclarer par ces présentes à LL. EE.

« A Paris, le 30 mai 1814.

Signé le Prince de Bénévent.

Ainsi, le traité du 11 avril est devenu aussi parfaitement obliga-toire pour le Gouvernement français, que si ce Gouvernement avait été partie.

Conformément à l'article 9 de ce traité, Napoléon a fait dresser divers états des personnes auxquelles il voulait que ces deux millions fussent distribués.

Ces états ont été remis au Gouvernement français, et leur remise a été suivie de plusieurs réclamations de paiement, qui toutes sont restées sans effet, et n'ont amené que des refus.

Dans cette position, les Donataires, dont le plus grand nombre est resté sans places et sans fortune, ont désiré que leur droit fût clairement établi dans une Consultation qui servit de point d'appui à leurs demandes ultérieures.

Le Conseil pense que la réclamation des consultans n'aurait jamais dû faire la matière d'une difficulté.

La convention est claire ;

L'obligation est positive ;

Le droit qui en résulte au profit des Donataires est évident.

L'article 9 a été exécuté dans tout ce qu'il avait d'avantageux pour le nouveau gouvernement de la France ; toutes les propriétés que Napoléon posédait en France, soit comme domaine privé, sont restées à la Couronne.

Ces propriétés étaient d'une valeur immensément supérieure à la modique somme de deux millions, dont l'ancien propriétaire s'était réservé de disposer.

Il n'y avait donc nulle raison de se refuser à l'exécution de l'article 9 en ce qui concerne l'emploi de cette réserve.

On a objecté au fondé de pouvoir des Donataires que le traité du 11 avril 1814 devait être regardé comme non avenu, parce qu'il n'avait pas été rappelé dans le traité général du 30 mai suivant.

Cette objection est évidemment mal fondée.

1° Un traité subséquent ne déroge à un traité antérieur qu'autant que la volonté d'y déroger s'y trouve formellement exprimée, ou que des dispositions nouvelles sont incompatibles avec les anciennes.

Or, qu'on lise tant qu'on voudra le traité du 30 mai 1814, on n'y trouvera ni dérogation expresse, ni dérogation tacite, soit à article 9, soit à l'article 1ᵉʳ, soit à tout autre article du traité du 11 avril.

2° Ajoutons que le traité du 30 mai, n'étant pas conclu entre les mêmes parties que celui du 11 avril, n'aurait pas pu, en l'absence de l'une d'elles, porter atteinte aux conventions qui intéresseraient cette partie. *Inter alios factam transactionem, absenti non posse facere præjudicium, notissimi juris est.* L. 2, au Code. *Inter alios acta aliis non nocere* verbi gratiâ *transactione Titii non minuentur alimenta Silio.* L. 855, Cod., *eod. tit.*

Ces principes du droit civil sont également applicables au droit des gens; ils gouvernent l'interprétation des traités entre Souverains, comme les conventions entre simples particuliers.

Ouvrons, au surplus, Watel, dans son *Traité du Droit des gens*, nous y lirons que « l'état où les choses se trouvent au moment du « traité *doit passer pour légitime*; et si l'on veut y apporter des chan-

«gemens, dit-il, il faut que le traité en fasse une *mention expresse*. »
(Livre 4, chap. 3, § 21.)

Or on a déjà dit que le traité du 30 mai ne renferme rien de semblable.

L'objection pèche d'ailleurs par sa base : ceux qui l'ont faite n'ont fait attention qu'à la date principale du 11 avril, qui est celle du premier traité, et ils en ont conclu que le traité du 30 mai, étant postérieur, avait pu par cela même déroger à celui du 11 avril. Mais ils auraient dû remarquer que ce traité du 11 avril n'a été ratifié par le Gouvernement du Roi que le 30 mai; que c'est de ce jour-là seulement qu'il a pris date pour ce Gouvernement. . Or il faudrait donc, contre toute raison et contre toute bonne foi, supposer *qu'au même jour et au même instant* les Puissances alliées qui avaient exigé l'accession du Roi de France au traité du 11 avril, avaient cependant l'intention de s'en départir, et que le Gouvernement français, qui, le 30 mai, déclarait aux Plénipotentiaires alliés que les clauses du traité du 11 avril, à la charge de la France, seraient *fidèlement exécutées, signait au même instant* un autre traité qui l'aurait dispensé de tenir sa promesse. Cette objection, nous le répétons, est contraire à tout droit et à toute raison.

« On ne présume pas, dit Watel, que des personnes sensées aient
« prétendu ne rien faire en traitant ensemble : l'interprétation qui
« rendrait un article nul et sans effet ne peut donc être admise.....
« C'est une espèce d'absurdité que les termes mêmes d'un acte se
« réduisent à ne rien dire; il faut l'interpréter de manière qu'il puisse
« avoir son effet, et qu'il ne se trouve pas vain et illusoire. » (Liv. 11.
chap. 18. *de l'Interprétation des Traités*, § 283.)

Le même auteur, au § 304. dit encore :

« Ce qui tend à rendre un acte nul et sans effet, soit dans sa to-
« talité. soit en partie, et par conséquent *tout ce qui apporte quelque*

« *changement aux choses arrêtées , est odieux* ; car les hommes traitent
« ensemble pour leur utilité commune; et si j'ai quelque avantage
» *acquis* par un traité légitime, je ne puis le perdre qu'en y renon-
« çant. »

Or, nulle renonciation de cette espèce n'existe : loin de là les
tiers qui avaient *des droits acquis par le traité* du 11 avril, n'ont pas
cessé de les invoquer et de les faire valoir.

Il serait donc, pour reprendre ici l'expression de Watel, il serait
odieux de les leur enlever.

Vainement on oppose *le siècle des cent jours !* C'est un fait étranger
aux Donataires, un fait qui n'a pu leur faire perdre un droit précé-
demment acquis : par le traité du 11 avril ils sont devenus créanciers directs, non pas de Napoléon, mais du Gouvernement français;
et le sort de cette créance, fixé par le traité au jour même de sa signature, n'a pas pu dépendre des événemens ultérieurs ni du fait
d'autrui.

Si le traité eût été ponctuellement exécuté, les Donataires auraient
dû être payés en 1814, avant les cent jours. S'ils ne l'ont pas été à
cette époque, leur droit n'a pas pour cela changé de nature : ils
sont restés créanciers de l'État au même titre après que devant.

DÉLIBÉRÉ à Paris, le 20 mars 1821.

Signé : DUPIN.

L'ancien Avocat soussigné, qui a pris communication de la Consultation ci-dessus donnée,

Déclare y adhérer pleinement, et par les motifs qui y ont été dé-
veloppés,

Le traité du 11 avril est démontré s'être identifié avec celui du 30 mai.

Les conventions qu'il renferme n'ont jamais été abrogées par aucunes conventions postérieures, seul moyen qui aurait pu en neutraliser les effets : *Eadem voluntate quâ contractuntur, dissolvuntur.*

Ces conventions du traité du 11 avril, le Gouvernement français se les est rendues propres par son accession volontaire; elles l'ont lié dès lors à l'exécution. *Quæ sunt ab initio voluntatis, fiunt ex postfacto necessitatis.*

Ni l'interrègne lui-même, ni ses désastreuses conséquences, n'ont eu la puissance de faire perdre à des tiers le *droit* qui leur fut *acquis* du jour où les états sur lesquels figuraient leurs noms, comme ceux de destinataires des deux millions répartis, ont été remis au Gouvernement français, et sont devenus leurs titres propres et personnels. Opposer à ces tiers la survenance des funestes cent jours, pour les éconduire, eux dont la révolution qui les produisit ne fut point l'ouvrage, ce serait chercher un moyen de libération dans le profit d'une grande calamité nationale : un tel calcul ne saurait être fait au nom du plus loyal des Gouvernemens, le Gouvernement royal de France. D'incontestables principes de droit public et privé ne seraient pas là pour protéger les destinataires, que les moyens d'honneur public suffiraient pour que leurs réclamations obtinssent enfin tout le succès qui leur appartient.

Délibéré à Paris, ce 24 avril 1821.

Signés : **BILLECOQ, COURTIN, THEVENIN.**

Imprimerie de SELLIGUE, rue des Jeûneurs, n. 14.

A MESSIEURS LES MEMBRES

De la Chambre des Députés.

Monsieur le Président,

MESSIEURS,

QUAND les Chambres, d'accord avec le gouvernement du Roi, proclament les grands principes de justice et de loyauté, sans doute le moment est arrivé d'espérer que les droits légitimes ne seront plus méconnus.

L'art. 9 du traité de Fontainebleau du 11 avril 1814, sous la garantie des puissances alliées, statue « que sur les fonds placés par « Napoléon, soit sur le grand-livre, soit sur la Banque de France, soit « sur les actions des forêts, soit de toute autre manière, il sera ré-« servé un capital de deux millions pour être employé en gratifica-« tions en faveur des personnes portées sur l'état qui sera signé par « lui et remis au gouvernement français. »

Cet état a été dressé, signé et remis au gouvernement, qui, par une délibération formelle, a garanti, en tout ce qui concernait la France, l'exécution des stipulations contenues dans le traité.

Une lettre postérieure de M. le prince de Talleyrand a également déclaré aux alliés que S. M. T. C. adhérait au même traité.

Rien n'était plus formel, plus authentique que cette réserve de deux millions et sa destination. Elle devint une espèce de dépôt dont le domaine extraordinaire se trouva chargé, et dès lors tenu d'en faire la restitution à ceux qui lui étaient indiqués pour le recevoir.

Cependant, quand ils se présentèrent, le ministre des finances les repoussa. On leur dit dans une ordonnance du 2 août 1822, que l'auteur de la donation s'étant remis, par le fait, en possession des moyens de l'exécuter, et n'en ayant pas usé, il avait détruit le droit d'en réclamer la réalisation.

Il n'est personne qui ne sentira combien l'objection était peu fondée. Dès le moment de la signature et de la ratification du traité du 11 avril, les personnes indiquées dans l'état joint au traité avaient été saisies, de droit, des sommes qui leur avaient été attribuées. Des événemens postérieurs avaient-ils pu avoir aucune influence sur des droits qui auraient dû être remplis et consommés aussitôt qu'ils avaient été acquis ?

Ce fut donc avec la plus grande confiance que les parties intéressées, se pourvurent, par requête du 2 novembre 1822, en appel au Conseil d'état; et ce ne fut pas sans surprise que par ordonnance du 22 janvier 1823 elles virent leur requête rejetée. Le même sophisme employé par le ministre des finances servit pour motiver ce rejet, lors duquel il fut dit que les questions relatives aux effets que pouvait avoir le traité de Fontainebleau, n'étaient point de nature à être portées au Conseil d'état par la voie contentieuse.

Comme on voit, les parties intéressées au traité n'étaient point jugées. Par requête du 1er juillet 1827, et prenant la voie que leur indiquait l'art. 40 de l'acte réglementaire du 22 juillet 1806, ils supplièrent humblement Sa Majesté, attendu qu'il ne saurait y avoir en France déni de justice, de désigner, soit un des comités du Conseil d'état, soit une commission pour connaître de leur demande et donner son avis.

Mais par une lettre de M. le secrétaire général du Conseil d'état, nous fûmes informés que par décision de Mgr le garde des sceaux (M. le comte de Peyronnet), dont la date n'était point rapportée, il était décidé qu'il n'y avait lieu de statuer sur la requête.

Il fut annoncé que Mgr le garde des sceaux avait considéré :

1° Que l'art. 40 du réglement de 1806 était facultatif;

2° Que les requérans étaient sans titre pour réclamer les deux millions faisant l'objet de leur demande, puisqu'ils se fondaient sur le traité de Fontainebleau du 11 avril 1814; mais que la condition essentielle de ce traité ayant été violée lorsque Napoléon Bonaparte avait quitté l'île d'Elbe pour attaquer la France, il en résultait que ce traité était dès lors annulé et ne pouvait plus produire aucun effet.

Toujours justice n'était point faite.

En effet, l'art. 40 du réglement est ainsi conçu :

« Lorsqu'une partie se croira lésée dans ses droits ou sa propriété
« par l'effet d'une décision de notre Conseil d'état rendue en une
« matière non contentieuse, elle pourra nous présenter une requête,
« pour, sur le rapport qui nous en sera fait, être l'affaire renvoyée,
« s'il y a lieu, soit à une section du Conseil d'état, soit à une com-
« mission. »

Il est évident qu'avant de statuer sur la requête des réclamans un rapport devait être fait au Roi. C'était le seul rôle que pouvait remplir le ministre dans la circonstance. Ensuite venait la faculté de renvoyer au Conseil ou à une commission, et cette faculté n'appartenait qu'à Sa Majesté. Le ministre, en déclarant de sa pure autorité qu'il n'y avait pas lieu de statuer sur la requête, a donc tout à la fois commis une usurpation de pouvoir et un déni de justice.

Je supplie la Chambre d'ordonner le renvoi de cette pétition au Conseil des ministres, afin que Sa Majesté, éclairée par les lumières de ce Conseil, prenne dans sa bonté et dans sa sagesse les mesures nécessaires pour que les donataires soient entendus et qu'il leur soit rendu justice.

Signé POTHIER, *chargé de pouvoirs.*

IMPRIMERIE DE SELLIGUE,
Brevetée pour les Presses mécaniques et à vapeur.
Rue des Jeûneurs, n. 14.